児童手当制度改革の定量分析

―マクロ経済動学と社会厚生―

中国　奏人

三菱経済研究所

序文

　岸田政権下，わが国は「次元の異なる少子化対策」に向け舵を切ろうとしている．とりわけ当面の改革の柱として盛んに議論されているのが，児童手当の拡充だ．経済学では以前から，子どもは「公共財」としての性質を有し，子どもを持つことには正の外部性が伴うと指摘されてきた (例えば Folbre, 1994)．子どもは将来の生産の担い手であり，年金や医療に関する社会保障制度が定着したわが国にあっては，将来的に当該制度を支える主体としても重要な役割を果たす．この発想に基づけば，児童手当増額が出生率上昇を通じて，制度の直接的な便益を受けない家計（典型的には生涯子どもを持たない個人や家計）にさえ便益をもたらすという主張がなされても不思議ではない．

　しかしながら，給付額を増やすには原則として追加的な財政費用を要するうえ，現金給付が家計の労働供給を抑制する「副作用」をもたらすという負の側面も指摘されている (例えば Guner et al., 2020)．給付拡大の便益がこうしたコストを上回るか否か，またあらゆる家計の厚生を改善させるほどに効果が大きいのか否かは定量的な問いであり，その答えは自明でない．この点を追究するには，制度改革に伴う家計の行動変容とマクロ経済変数との相互作用や，その厚生的帰結を捕捉可能とする（定量的）マクロ経済モデルの枠組みが有用である．

　本研究はこうした問題意識に基づき，配偶関係・性別・学歴といった側面における家計の異質性（heterogeneity）と出生選択を組み込んだ一般均衡型世代重複モデルを構築する．そのうえで，異なる財源に基づく児童手当制度改革が，マクロ経済動学や各世代の厚生に与える影響

を定量的に分析する．第1章では，児童手当制度の効果に関する国内外の先行研究の成果と課題を概観し，本研究の特徴・新規性について記述する．第2章では，現行の児童手当制度の概要を解説する．第3章では，家計の異質性と出生選択を組み込んだ一般均衡型世代重複モデルを構築し，第4章でモデルをカリブレートする．第5章では，児童手当をどの程度増額するか，またその財源をどのようにして賄うかに関する複数のシナリオを想定し，第4章で構築した定量モデルを用いて児童手当制度改革の効果を分析する．第6章では本分析の結論を要約しつつ，それらの政策的含意について議論する．第1章で詳述するように，本研究の特色・新規性は，家計の異質性と出生行動をモデルに組み込んだうえで，様々な改革シナリオを想定した政策分析を行う点にある．これにより，配偶関係・子どもの有無・学歴・出生年といった属性を異にする家計それぞれが制度改革によって受ける厚生的影響を分析することが可能となる．本研究が，児童手当制度改革に関する政策議論に少しでも有益な示唆を与えることができれば幸いである．

謝辞

　本書の執筆にあたり，三菱経済研究所の皆様から多くのご支援・ご指導を頂戴しました．丸森康史副理事長には，本研究はもとより研究活動一般に広く有益なご助言や励ましを常々頂戴しました．杉浦純一常務理事は，研究書の執筆に際して拙稿を繰り返し丁寧にご確認いただき，数多くの貴重なご助言をくださいました．加えて，本研究に付随する様々な相談に対して親身に応じてくださいました．また，須藤達雄研究部長，伊藤澄子さん，石田幸子さんには，日々の研究活動が円滑に進むよう多大なるご配慮を賜り，研究に専念できる環境を整えていただきました．本研究は，皆様による心温かなご支援とご指導の賜物です．この場を借りて深く感謝申し上げます．

　東京大学の松島斉教授には，三菱経済研究所との縁を取り持っていただき，本書執筆という大変貴重な機会を与えていただきました．筆者の指導教官である東京大学の楡井誠教授には，本研究の開始から継続的なご指導とご支援を頂戴しました．東京大学の川田恵介准教授，北尾早霧教授，近藤絢子教授，庄司匡宏教授，田中隆一教授，中嶋智之教授，福田慎一教授，山口慎太郎教授からは，分析を進める過程で大変貴重なご助言を数々頂戴しました．東京大学大学院博士課程の佐藤叡延さんは，原稿を丁寧に確認いただき的確なご指摘をくださいました．本研究をご支援をいただいた皆様に，心より御礼申し上げます．

　2023 年 4 月

中国奏人

目　　次

第 1 章　はじめに

　着実に進行する少子高齢化を背景に，わが国では少子化対策の議論が本格化している．2020 年において日本の老年人口指数（65 歳以上人口と 15–64 歳人口との比）は 52％と OECD 加盟国中で群を抜いて高く，2050 年には 80.7％にまで上昇すると見込まれる[1]．少子化の進行が背景にあることは言うに及ばない．過去 20 年以上にわたり，わが国の合計特殊出生率は 1.3 前後と人口置換水準を大きく下回り続けてきた．現状の労働市場や社会保障の制度，生産技術を前提とすると，少子高齢化は人口に占める労働力のシェア低下と生産量減少を意味する．高齢化により増加する社会保障負担の増加も加味すれば，国民 1 人当たりの生涯可処分所得は減少する．こうした財政的・社会厚生的懸念が，活発化する少子化対策の議論を動機づける主な要因である．

　少子化対策は，家計が希望通りに子どもを持つことを阻む，経済的制約の緩和を目指す政策と言い換えられよう．国立社会保障・人口問題研究所が 2021 年に実施した「第 16 回出生動向基本調査」によれば，夫婦の「平均理想子ども数」（2.25）と「平均予定子ども数」（2.01）には 10％以上の乖離が見られる．注目に値するのは，その理由を 35 歳未満の妻に訊ねた際に最も多かった回答が「子育てや教育にお金がかかりすぎるから」であり，対象者の 77.8％がそのように回答している点だ．

　日本の子育て支援政策，とりわけ児童手当のような現金給付型のサポートは，諸外国と比べて手厚いとは言い難い．OECD によれば，加

---

[1] https://data.oecd.org/pop/old-age-dependency-ratio.htm を参照のこと．

2

盟 38 ヵ国全てのデータが揃う最新年（2019 年）において，わが国の家族関連支出は GDP の約 1.7％と加盟国中下から 12 番目だった[2]．家族関連支出は現物給付と現金給付で構成されており，わが国では同年に幼児教育の無償化を含む一連の子育て支援政策が実行されたことにより，現物給付の規模は加盟国中 11 番目と比較的高水準である（GDP の 1.07％）．一方で現金給付による家族関連支出に注目すると，その規模は GDP の 0.66％であり，加盟国中 30 位に沈んでいる．

　金銭的制約から子どもを持つことを諦める人々が多い点，現金給付については拡充の余地が大いに残されている点が，最近の児童手当増額に関する議論の中核的な論点だ．児童手当を何らかの意味で拡充することは既定路線であるが，最も議論が難航しているのは，制度改革をどのような財源で賄うかという点である．この点が問題になるのは，制度変更によって便益を受ける人と，負担だけを被ってその恩恵を享受することができない人に二分される（と考えられている）からであり，また異なる財源の調達手段が，制度変更の厚生的含意を変えうるからである．例えばすでに子育てを終えてしまった家計は児童手当増額の直接的便益を受けられない．そして仮にその増額を消費増税で賄う場合，彼らは直接的便益を受けられないが以前よりも高い税率を課されることとなり，当該家計の厚生は悪化するかもしれない．一方で国債発行によって当面は増税を回避する場合，彼らの厚生に大きな変化は生じないかもしれない．児童手当増額は家計の経済厚生にどのような影響をもたらすのか？また異なる財源調達方法は，各世代・属性の家計に対してどのような厚生的効果を持つのだろうか？

　こうした問題を考える際に考慮すべき点が，方法論の観点から 2 つ存在する．1 つ目は，制度改革が経済全体の産出量や税率・要素価格といったマクロ経済変数に与える影響と，それを通じた家計厚生の変

---

[2] https://data.oecd.org/socialexp/family-benefits-public-spending.htm を参照のこと．

化を捕捉する一般均衡モデルを構築することだ．2つ目は，児童手当が家計行動（とりわけ出生選択）に及ぼす影響というミクロレベルのエビデンスと整合的なモデルを構築することである．本章ではこれら2つの論点に関連する先行研究を整理し，児童手当制度改革のマクロ経済的・厚生的効果に関する本研究の新規性について解説する．

1.1　児童手当が家計の行動に及ぼす影響：実証分析

　児童手当が家計の行動に及ぼす影響については，主に2つの側面から実証研究が蓄積されている．1つは労働供給への影響，もう1つは出生行動への影響である．1つ目の論点に関連する実証研究は，児童手当のような子育て世帯向けの現金給付が家計（とりわけ母親）の就業意欲を阻害し労働供給を減少させること示してきた．

　Bessho (2018) は，2010年に民主党政権下で施行された，給付増を含む児童手当制度改革が家計の労働供給に及ぼす影響を検証した．労働供給に関する離散選択モデルを，「就業構造基本調査」の個票を用いて推計し，当該制度改革が家計の労働供給を抑制したと結論づけた．労働供給の減少を考慮すると課税ベースが縮小することから，家計の労働供給変化を考慮しない場合には改革に要する費用を22％過少評価してしまうことが示された．

　Asakawa and Sasaki (2022) は，2012年4月における児童手当の所得制限導入（復活）に伴う家計の労働供給の変化を調べた．「21世紀出生児横断調査」を用いて，回帰不連続デザインにより効果を識別した．彼らは，所得制限の復活に伴い，給付を打ち切られた高所得世帯の母親の労働参加率が上昇し，労働時間も増加したことを示した．そして，当時の児童手当の削減が家計（とりわけ母親）の就業を促進する効果

を持ったと結論づけた。こうした実証研究を踏まえ、本研究では家計の労働供給を内生化し、児童手当増額の所得効果を通じた労働供給減少を捕捉できるようモデルを設計する。

　海外では、児童手当や出産一時金のような現金給付が家計の出生行動に与える影響に関する実証研究が蓄積され、それらの多くが、現金給付が家計の出生行動に正の影響を与えることを報告している(例えばMilligan, 2005; Azmat and González, 2010; Cohen et al., 2013; González, 2013; Laroque and Salanié, 2014)。Milligan (2005) は、カナダ・ケベック州における出生一時金の増額を活用し、「差の差」(Difference-in-differences) 分析の枠組みで、現金給付が持つ出生への効果を識別した。彼は、1,000カナダドルの給付増が16.9%程度出生確率を高めることを示した。出生弾力性に換算すると0.107に相当することとなる。Cohen et al. (2013) は、イスラエル女性30万人以上の出生履歴や所得、学歴などに関するパネルデータを活用して、2000年前後に同国で複数回にわたって施行された児童手当改革の出生行動への影響を検証し、出生弾力性が0.176であることを報告した[3]。

　現金給付の出生率への影響を適切に識別するのは容易でない。先行研究の多くは、ある国・地域独自の制度的特徴や制度変更によって生じる疑似実験的(quasi-experimental) な状況を活用して効果の識別を行ってきた。例えばMilligan (2005) が分析対象としたカナダでは、各州が出生一時金の運営を裁量的に行うことができる。こうした制度的特徴を前提として、ケベック州のみが独自に制度を変更したことが疑似実験的な状況を生み、効果の識別を助ける差の差分析が可能となった。こうしたイベントがこれまでなかなか生じてこなかった日本においては、児童手当のような現金給付が出生行動へ与える効果を適切に識別

---

[3] Nakakuni (2023) では海外における実証研究に関しより多くの文献のレビューを行っている。また日本語文献としては、山口（2021）の第2章が、当該分野の研究成果を包括的かつ平易に解説している。関心のある読者はこれらを参照されたい。

した研究が少ないのが現状だ．こうした状況下 Yamaguchi (2019) は，現金給付が出生に与える影響を構造推計アプローチによって検証した．Yamaguchi (2019) の主な問題意識は，育児休業制度とその改革が女性の就業と出生に及ぼす影響であったが，政策実験の 1 つとして，出生一時金増額の効果も検証している．そこでは出生弾力性の値は明示されていないものの，ある手続きを踏めば，（集計）出生弾力性が 0.026であると計算できる[4]．本研究はこの数字をモデルが再現するよう，定量マクロモデルを規律づける[5]．現実的な出生弾力性を導くモデルでなければ，児童手当増額が出生率への影響を通じてマクロ経済や家計厚生に与える影響について不正確な結論を導く懸念があるからだ．

1.2　児童手当制度のマクロ経済分析

マクロ経済学の分野では近年，定量的な均衡モデルを用いた児童手当のマクロ経済的・家計厚生的効果の分析が進められている．Hannusch (2022) は，未就学児を持つ母親とそれ以外の女性の就業率の差が国によって大きく異なる点に注目した．具体的には，未就学児を持つ母親の就業率は，それ以外の女性の就業率と比べて低い（"就業率ギャップ"が存在する）のはほとんどの国で共通の観測的事実であるが，その差の程度は国によって大きく異なる．同氏はライフサイクルモデルを用

---

[4] Yamaguchi (2019) は，出生一時金を 100 万，300 万，500 万円と増額させ，そのもとでモデルにおける出生率が 2.23，2.34，2.46 と増加していくと報告した．ここで出生一時金 100 万円を起点とし，300 万円，500 万円とその額を増やした際の出生率の変化は，出生一時金の出生弾力性がそれぞれ 0.025 と 0.026 であることを示す．

[5] この値は出生一時金の出生弾力性であり，児童手当の出生弾力性ではない．しかし日本において出生一時金と児童手当は，大多数の子育て世帯が受給可能であることを筆頭にいくつかの点で類似した制度であり，加えて Yamaguchi (2019) の実験における給付拡大規模と，第 5 章で行う政策実験での給付拡大規模がほとんど同じである．こうした点から，Yamaguchi (2019) の結果を念頭にモデルの出生弾力性を規律づけることには一定の正当性が認められる．

い，子育て世帯を対象とした税額控除や児童手当といった子ども関連移転（child-related transfers）の制度の差異が，就業率ギャップの違いの大部分を説明することを示した．例えばデンマークでは児童手当が家計所得に依らず一律に給付されるが，米国における子育て世帯向けの税額控除では所得制限が設けられており，一定以上の所得を稼ぐ家計が受けられる控除は減少するよう設計されている．米国はデンマークと比べ就業率ギャップが大きく，米国の子ども関連移転制度のこうした特徴が，母親の労働意欲を阻害し就業率ギャップを拡大する主因であると指摘した．

Guner et al. (2020) は，子ども関連移転のマクロ経済的・厚生的含意を分析した代表的研究である．彼らは，(1) 所得制限の有無，(2) 就業条件の有無，(3) ある支出項目への支出額に基づいた給付か否か（すなわち補助金の形式をとるか，一律給付か），という観点から子ども関連移転を分類し，それぞれのタイプの給付体系の効果について一般均衡型世代重複モデルを用いて分析した．そのなかで日本を含む多くの国で採用されている児童手当に相当する制度（就業条件がなく一律給付）も分析されており，主に以下 2 点が示された[6]．第 1 に，児童手当の拡充は低所得家計の厚生を大きく改善する一方，高所得家計や子どもを持たない家計の厚生はむしろ悪化する傾向にある．高所得者や子どもを持たない家計は，制度の拡充のために支払う追加的税額が，追加的に受け取る手当の額を上回る傾向にあるからだ．第 2 に，児童手当が就業条件を課さないことから，給付増額は労働供給の意思決定に所得効果を生じさせ，母親の労働供給が減少する．その結果，経済全体の産出量が減少する．2 点目の結果は上述した児童手当の労働供給に及ぼす影響についての実証研究と整合的であり，そのマクロ経済的帰結を評価した点が彼らの貢献の 1 つと言える．

---

[6] Guner et al. (2020) は「児童手当」（"child benefit"）という語を用いていないが，当該給付体系を指す名詞として，以下では便宜上「児童手当」を用いる．

しかしながら，Guner et al. (2020) においては様々な給付体系が母親の就業行動や人的資本蓄積に及ぼす影響を詳しく調べるために，家計の出生行動が外生化されていた．本研究は母親の労働供給選択や家計の異質性（特に配偶関係や子どもの有無）をモデルに組み込むことに加え，出生の意思決定を内生化することで，児童手当制度の変化が家計の出生行動の変容を通じマクロ経済や家計厚生に及ぼす影響を分析する点に彼らとの違いがある．出生行動の内生化は，児童手当が人口構造を変化させることを通じて経済全体の産出量や社会保障負担，家計厚生などに及ぼす効果の捕捉を可能とする．

先行研究の中には日本を対象とした分析も複数存在し，児童手当の増額が将来世代の厚生を改善させることを共通して示している[7]．しかし，それらが用いるモデルにおいて出生率は内生化されているものの，モデルにおける，児童手当増額による出生率増加の程度が，実証研究で報告されている結果と整合的であるかが検証されていない．さらに，年齢以外の家計の異質性がほとんど捨象されている．これに対し本研究は，配偶関係やスキルといった家計の異質性を考慮したモデルを構築し，児童手当制度改革が，様々な属性の家計（制度の直接的恩恵を受けない家計を含む）の厚生に与える影響を分析する点に特色がある．さらに先行研究と異なり，モデルの出生弾力性を，実証研究の結果と整合的になるよう規律づけたうえで分析を行う点も本研究の重要な特色だ．実証的事実と整合的な出生弾力性を伴うモデルを用いることで，児童手当増額がマクロ経済や社会厚生に及ぼす影響についてより正確な分析を行うことができる．

本研究が用いる分析枠組みは Nakakuni (2023) をベースとしているが，Nakakuni (2023) では財源選択に関する分析や議論を行っておらず，政府の資金調達手段としての国債発行がモデルから捨象されていた．本

---

[7] 例えば，Oguro et al. (2011)，Oguro et al. (2013)，Okamoto (2020)，萩原（2021）などである．

研究は政府の資金調達手段として国債発行も考慮したうえで，いくつかの財源オプションに応じたマクロ経済動学や各世代への厚生的含意を調べる．家計の出生行動や異質性を考慮したモデルを用いた，財源選択も含めた各改革シナリオの効果の検証は，筆者の知る限り Nakakuni (2023) を含めこれまで行われたことがない．

　児童手当が出生率や人口構成に及ぼす効果とその財政的・厚生的効果は制度改革を動機づける主な要因であり，また財源選択や制度の規模を考える際には，異なる立場に置かれた各家計が制度変更により受ける厚生的影響を理解する必要がある．しかしながら定量マクロモデルを数値的に解くにあたり，出生行動の内生化や家計の異質性を組み込むことは計算負担を大きく増加させる．先行研究が出生行動と家計の異質性を同時に組み込まなかった背景には，この計算負担の問題が（少なくとも部分的には）ある．本研究の新規性と特色は，こうした限界を乗り越えて家計の異質性と出生選択を考慮したうえで，財源選択を含めた各改革シナリオがマクロ経済や厚生に与える影響を分析する点にある．

第 2 章　現行制度の概要

　分析に先立ち，本章ではわが国における現行の児童手当制度の概要を振り返る．現行制度（2023 年 3 月現在）では，中学生以下の子どもを持つ，一定の所得水準に満たない家計に対し，子ども 1 人当たり 1ヵ月に 5,000 円から 15,000 円の手当が支給される．また，支給額は家計所得，子どもの年齢，出生順位に依存する．

　家計所得は，当該家計の構成員のうち，前年度に最も所得を稼いだ構成員の所得として定義される．例えば夫婦と小学生の子ども 1 人から成る家計の所得 I は，$I = \max\{$ 夫の所得, 妻の所得 $\}$ で定義される．所得制限限度額は，扶養家族の人数によって異なる．例えば，3 人の扶養家族を持つ家計については，目安として年収が 1,200 万円を超えた場合，児童手当給付を受けることができない[8]．また年収が 1,200 万円以下であっても，年収が 960 万円以上の家計への給付額は一律で 5,000 円となる．

　所得水準がそれらを下回る場合，家計は以下の通り児童手当を受給する．まず，0 歳から 2 歳までの子ども 1 人当たり 1ヵ月に 15,000 円が支給される．それ以上の年齢（3 歳から中学校卒業まで）の子どもに対する支給額は原則 1 人当たり 10,000 円であるが，第 3 子については小学校修了まで 15,000 円の給付が継続される．支給体系を，表 1 に要約している．2019 年度において児童手当として 2 兆 678 億円（対 GDP 比 0.37％）が支出されており，現金給付による家族関連支出の中で最

8　詳細に関心のある読者は，内閣府による説明（https://www8.cao.go.jp/shoushi/jidouteate/gaiyou.html）を参照されたい．

も大きな支出シェアを占めた.

第3・4章では，現行制度を可能な限り再現するよう，モデルにおける児童手当給付ルールを設定する．しかし，分析の簡略化の観点からモデル上で所得制限は存在しないものとし，所得が960万円を超える家計に対しては一律に5,000円を支給するようベンチマーク経済の児童手当制度を構成する[9].

表1　現行の児童手当制度体系

年収 (y, 100万円)	年齢	1ヵ月当たり支払額 (1人当たり、円)
$y \geq 12$		受給資格なし
$9.6 \leq y < 12$		
	0 - 2 歳	5,000
	3歳 - 小学校修了	5,000
	中学校	5,000
$y < 9.6$		
	0 - 2	15,000
	3歳 - 小学校修了	10,000 (第1子・第2子)
		15,000 (第3子以降)
	中学校	10,000

(注) 所得制限限度額の目安は、扶養家族が3人いる家計に対するものである。

---

[9] 現行の所得制限を撤廃するか否かは政治的に重要な論点であるが，マクロ経済的観点から有意な差を生じさせるものではない．2017年の「就業構造基本調査」によれば，18歳未満の子どもを持つ家計の夫で年収が1,250万円を超えるのは3%程度であり，年収が1,000万円以上かつ1,250万円以下の家計は約4.9%である．このように現行制度のもとでは，中学生以下の子どもを持つ大多数の家計が子ども1人当たり1ヵ月に10,000円以上の給付を受けており，全く給付を受けられない世帯はごく少数である．所得制限により給付を受けられない家計がごく少数であることに加え，現行の給付額が当該家計の所得に占める割合は相対的に小さいため，当該家計の行動変容が引き起こす一般均衡フィードバックは微小であろう．それゆえ，所得制限が維持された経済を想定するか否かは，児童手当増額のマクロ経済的効果とその厚生的含意に関する本分析の結果に有意な影響を及ぼさない．

第 3 章　モデル

　本章では，分析に用いる一般均衡型世代重複モデルについて解説する．ベースとなるのは Nakakuni (2023) で構築された一般均衡型世代重複モデルである．Nakakuni (2023) においては財源選択に関する議論を行わないことから，政府の資金調達手段としての国債発行をモデルから捨象していた．この点を改善し，政府の国債発行による資金調達を考慮できるようモデルを拡張する．そのうえでモデルをカリブレートし，政策分析に用いる．

3.1　経済環境

ライフサイクル：各個人の年齢を $j \in \mathcal{J} \equiv \{1, ..., J\}$ で表す．毎期，25 歳 ($j = 1$) の個人が a_1 単位の資本を携えてこの経済に加わる．本モデルの 1 期間は 5 年に相当するものとする．家計は 64 歳まで ($j = J_R = 8$) まで労働供給を行うことができるが，それ以降は労働市場から引退し，最大 104 歳（$j = J = 16$）まで生存する．家計は寿命の不確実性に直面しており，毎期一定割合の家計は死亡してこの経済から退出する．$j - 1 (> 0)$ まで生存したという条件のもとで，年齢 j まで生存する条件付き確率を $s_{j-1,j}$ で表す．したがって，家計が年齢 $k (> 1)$ まで生存する無条件確率は $S_k = \Pi_{j=1}^{k-1} s_{j,j+1}$ と表される．なお，$S_1 = 1$ である．

　年齢の相対分布を μ_j，年齢 j の家計 i が持つ資産の量を $a_{i,j}$ と表記すると，定常状態では毎期 $\sum_{j>1} \mu_{j-1}(1 - s_{j-1,j}) \int_i a_{i,j} di$ 分の偶発的に生じた遺産（accidental bequests）が残されることになる．これは，

12

その期に生存する主体に対し平等に分配されるものとし，その1人当たり分配量を a_b で表す．

初期賦存：個人は経済に参入する際，性別，配偶関係，学歴という属性が分布 $f : \mathcal{G} \times \mathcal{M} \times \mathcal{Z} \to \mathbb{R}_+$ に従い付与される．$g \in \mathcal{G} \equiv \{M, F\}$ は性別を表し，M が男性を，F が女性を示す．一定数の男女は結婚するが，残りの男女は結婚せず単身世帯を形成する．配偶関係を $m \in \mathcal{M} \equiv \{C, S\}$ で表し，C が既婚，S が未婚を表すものとする．最後に，$z \in \mathcal{Z} \equiv \{<HS, HS, SC, COL, COL+\}$ で学歴を表す．ここで，$<HS, HS, SC, COL, COL+$ はそれぞれ，小・中学校卒，高校卒，専門学校・短大・高専卒，大学卒，大学院卒を表す．本モデルにおいて，これらの属性は時間を通じて不変である．各夫婦について，変数の添字 h と w で，それぞれ夫と妻の属性及び選択変数を表すものとする．ここで，既婚家計の属性を表すベクトル $\theta_C = (z^h, z^w) \in \Theta_C$，及び未婚家計の属性を表すベクトル $\theta_S = (g, z) \in \Theta_S$ をそれぞれ定義する．家計の属性 θ_C 及び θ_S を，家計の「タイプ」と呼ぶ．夫婦のうち，男性が学歴 z，女性が学歴 z' である夫婦の割合を $\pi(z, z')$ で与える．

選好：毎期，家計は労働供給や貯蓄から所得を得て，それを消費に充てることで効用を得る一方，労働供給からは不効用を得る．家計の消費量を c，労働供給を l で表す．全ての夫は1単位の労働を毎期非弾力的に供給する一方[10]，妻及び未婚家計は労働参加及び労働時間の選択を行う．既婚家計，未婚家計の効用関数を $u^C(c, l^w; b)$ 及び $u^S(c, l)$ で表し，以下の通り特定化する．

---

[10] 2017年の「就業構造基本調査」によれば，25歳から54歳までの既婚男性のうち，98％が労働参加しており，そのうち95％がフルタイムで働いている．

$$u^C(c,l^w;b) = 2 \times \frac{(c/\Lambda(b))^{1-\sigma}-1}{1-\sigma} - \varphi\frac{(l^w+k_y\cdot\eta\cdot b)^{1+\frac{1}{\mu}}}{1+\frac{1}{\mu}}, \quad (1)$$

$$u^S(c,l) = \frac{c^{1-\sigma}-1}{1-\sigma} - \varphi\frac{l^{1+\frac{1}{\mu}}}{1+\frac{1}{\mu}}. \quad (2)$$

$b \in \mathcal{B}$ は子どもの数を，$\Lambda(b)$ は等価尺度を，η は 5 歳以下の子ども 1 人につき妻が負う時間的コストを，そして k_y は子どもが 5 歳以下の場合に 1 をとる指示関数を表す．等価尺度として，$\Lambda(b)=1.5+0.3b$ の「OECD 修正等価尺度」を採用する．各夫婦は年齢 $j=1$ の段階で，子どもを持つか否か，持つとしたら何人持つかの選択を行う．子どもを持つことを選択した場合，各夫婦は 30 歳（$j=J_b=2$）の時に子どもを授かる．簡単化のため，出生に関する不確実性は存在しないものとし，家計は望んだ数の子どもを持つことができるとする．夫婦が子どもを持つことから得る効用を以下の関数で与える．

$$v(b) = \kappa\cdot\frac{(1+b)^{1-\gamma}-1}{1-\gamma}. \quad (3)$$

　以上を踏まえ，既婚家計と単身家計の生涯効用をそれぞれ以下の通り与える．

$$v(b)+\sum_{j=1}^{J}\beta^{j-1}S_j u^C(c_j,l_j^w;b),$$

$$\sum_{j=1}^{J}\beta^{j-1}S_j u^S(c_j,l_j).$$

所得：個人が得る労働所得は，賃金率 w，個人の労働生産性，及び労働

14

時間 l の積として与えられる．個人の労働生産性は，年齢・性別・学歴ごとの平均的な所得水準を捕捉する関数 $\bar{\omega}: \Omega \equiv \mathcal{J} \times \mathcal{G} \times \mathcal{Z} \to \mathbb{R}_+$ によって与えられる．したがって，個人の（課税前）労働所得 y は $y = w \times \bar{\omega} \times l$ となる．

家計は貯蓄から利子所得も得る．本モデルには企業への貸出と政府への貸出を行う2つの資本市場が存在し，それぞれ r_K と r_B の率で貸出からの利子所得を得ることができる．家計はポートフォリオ選択を行わないこととし，彼らは貯蓄の ϕ_B の割合を自動的に国債の形で保有し，残りを企業への貸出に用いる．ここで，ϕ_B は総貯蓄に占める国債残高の比率であり，外生的に与えられる[11]．家計の貯蓄に付随する（平均的）利子率は，$r = r_K \cdot (1 - \phi_B) + r_B \cdot \phi_B$ で与えられる．

子育て費用：ある時点まで，子どもを持つ家計は子育ての金銭的・時間的費用を負担する必要がある．子育て費用は，親のタイプ及び子どもの数に依存する．まず，金銭的費用を関数 $CE: \mathcal{J} \times \mathcal{B} \times \Theta_C \to \mathbb{R}_+$ で捕捉する．

加えて，先述の通り家計は5歳以下の子ども1人当たり η 単位の時間を育児に支出する必要がある．現時点では育児のほとんどを女性が担っているという現状に鑑み，妻がこの時間的費用を負担するものとする[12]．

児童手当：モデルにおいて児童手当の受給資格や支給額は，関数 $CB: \mathcal{J} \times \mathcal{B} \times \mathcal{I} \to \mathbb{R}_+$ で捕捉される．ここで，$I \in \mathcal{I}$ は夫と妻の労働所得を格納したベクトルであり，$\mathcal{I} = \mathbb{R}_+^2$ である．これらの関数は原則として現行制度を再現するよう設定されるが，第2章で述べた通り，現行制

---

[11] なお，本モデルにおいて国債はすべて日本国民によって所有される．

[12] 2021年の「社会生活基本調査」によれば，「子育て期」にある共働き夫婦が育児に支出した時間のうち，平均して約8割が妻によるものであった．

度では受給資格のない高所得者も，中学生以下の子ども 1 人当たり毎月 5,000 円を受給するように関数 CB を構成する．

社会保障給付：児童手当のほか，政府は賦課方式の公的年金制度と医療保険を運営する．各個人は $j = J_R$ 歳で退職後，年金を受給できる．簡単化のため，毎期の受給額 ss はその期にすでに引退している家計間で共通であり，現役世代が稼ぐ平均所得（$\bar{y}$）に比例して以下のように与える．

$$ss = \rho \cdot \bar{y}.$$

ここで，ρ は年金の所得代替率を示す．

　さらに，年齢 j の個人は m_j 単位の医療を需要する．$\{m_j\}_j$ の値は外生的に与えられる．政府は家計の医療支出を一定程度補填する公的医療保険制度を運営する．そのため各個人は各自の医療需要のうち $100 \times (1 - \omega_j)\%$ のみを負担すれば良い．すなわち，$(1 - \omega_j)$ は公的医療保険の年齢に応じた平均的自己負担率を表す．これらの社会保障給付は，労働所得への比例的課税で賄われる．この労働所得税率を τ_l で表す．

生産技術：代表的生産者が，生産関数 $F(K, L) = K^\alpha L^{1-\alpha}$ を用いて最終財を生産する．ここで，K 及び L は生産に用いられる経済全体の資本量及び効率労働量を表す．利子率 r_K 及び賃金率 w を所与として，完全競争的な要素市場において企業は利潤を最大化するようにそれらの投入量を決定する．資本は毎期 δ の率で摩耗し，生産者がこの摩耗コストを負担する．

3.2 経済主体の意思決定

ここまで記述された経済環境を踏まえ，家計の最適化問題を定式化する．

既婚家計：以降，年齢を表す添字 j を各変数から省略し，a' を次期の資産保有量を表すものとする．家計は利子率 r で資産を貸借することができるが，借入制約に直面しており，ϕ 単位以上の借入は行うことができない．$\bar{a}$ 単位の初期資本量を与えられた，タイプ $\boldsymbol{\theta}_C$ の既婚家計の価値関数は以下の通りである．

$$W^C(\bar{a}, \boldsymbol{\theta}_C) = \max_{b \in \mathcal{B}}\{v(b) + V^C(\bar{a}, j=1, b, \boldsymbol{\theta}_C)\} \tag{4}$$

where
$V^C(a, j, b, \boldsymbol{\theta}_C) =$

$$\begin{cases} \max_{\{c, a', l^w\}}\{u^C(c, l^w; b) + s_{j,j+1}\beta V^C(a', j+1, b, \boldsymbol{\theta}_C)\} & \text{if } j \in \{1, ..., J_R\} \\ \max_{\{c, a'\}}\{u^C(c, 0; b) + s_{j,j+1}\beta V^C(a', j+1, b, \boldsymbol{\theta}_C)\} & \text{if } j \in \{J_R+1, ..., J-1\} \\ \max_{\{c\}} u^C(c, 0; b) & \text{if } j = J \end{cases} \tag{5}$$

s.t.

$(1 + \tau_c)c =$

$$\begin{cases} (1 + (1-\tau_a)r)(a + 2a_b) - a' + (1-\tau_l)(y^h + y^w) \\ -CE(j, b, \boldsymbol{\theta}_C) + CB(j, b, \boldsymbol{y}) - 2(1-\omega_j)m_j & \text{if } j \in \{1, ..., J_R\} \\ (1 + (1-\tau_a)r)(a + 2a_b) - a' + 2[ss - (1-\omega_j)m_j] & \text{if } j \in \{J_R+1, ..., J-1\} \\ (1 + (1-\tau_a)r)(a + 2a_b) + 2[ss - (1-\omega_j)m_j] & \text{if } j = J \end{cases} \tag{6}$$

$$c \geq 0, a' \geq -\phi, l^w \in [0, 1 - k_y \cdot b \cdot \eta]. \tag{7}$$

ここで $\boldsymbol{y} = (y^h, y^w)$ であり，τ_c と τ_a はそれぞれ消費税率と資本所得

税率を表す.

単身家計：単身家計は，既婚家計と異なり出生選択をしない．生涯を通じた消費，労働供給，貯蓄を最適に選択し，効用を最大化する．a 単位の初期資本量を与えられた，タイプ θ_S の単身世帯の価値関数は以下の通り定式化される．

$$V^S(a, j, \theta_S) =$$

$$\begin{cases} \max_{\{c,a',l\}} \{u^S(c,l) + s_{j,j+1}\beta V^S(a', j+1, \theta_S)\} & \text{if } j \in \{1, ..., J_R\} \\ \max_{\{c,a'\}} \{u^S(c,0) + s_{j,j+1}\beta V^S(a', j+1, \theta_S)\} & \text{if } j \in \{J_R+1, ..., J-1\} \\ \max_{\{c\}} u^S(c,0) & \text{if } j = J \end{cases} \tag{8}$$

s.t.

$$(1+\tau_c)c =$$

$$\begin{cases} (1+(1-\tau_a)r)(a+a_b) - a' + (1-\tau_l)y - (1-\omega_j)m_j & \text{if } j \in \{1, ..., J_R\} \\ (1+(1-\tau_a)r)(a+a_b) - a' + ss - (1-\omega_j)m_j & \text{if } j \in \{J_R+1, ..., J-1\} \\ (1+(1-\tau_a)r)(a+a_b) + ss - (1-\omega_j)m_j & \text{if } j = J \end{cases} \tag{9}$$

$$c \geq 0, a' \geq -\phi, l \in [0,1]. \tag{10}$$

政府：政府の支出項目は大きく分けて 3 つある．児童手当，社会保障給付（賦課方式の公的年金制度，医療保険），それ以外の政府支出（利払費以外）G である．政府は消費，労働所得，資本所得への課税及び国債発行により歳入を得る．それぞれの税率を，τ_c，τ_l，τ_a で表し，以下の予算制約が毎期満たされる.

$$T_c + T_l + T_a + B' = CB + (1 + r_B)B + G + \bar{y}\rho \underbrace{\sum_{j=J_R+1}^{J} \mu_j}_{\text{年金支出}} + \underbrace{\sum_{j=1}^{J} \omega_j m_j \mu_j}_{\text{医療保険支出}}.$$

(11)

T_c, T_l, T_a はそれぞれ, 消費税, 労働所得税, 資本所得税からの歳入であり, B 及び B' はそれぞれ当期と来期の期初における政府債務残高を表す. CB は児童手当への歳出を表すものとする.

3.3 定常均衡

これまで記述した経済主体の意思決定問題を踏まえ, この経済の定常均衡を定義する.

定義 1（定常均衡）. 各コーホートが経済に参入する際の資産分布 $\mu_{\bar{a}}$, 児童手当と社会保障の政策ルール（CB, ρ, $\{\omega\}_j$）, 国債市場における利子率 r_B, その他の政策変数（G, $\bar{B} = B = B'$）を所与として, 定常均衡は以下の対象物で構成される.

- 既婚家計の価値関数 $\hat{W}^C(a, \boldsymbol{\theta}_C)$ 及び $\hat{V}^C(a, j, b, \boldsymbol{\theta}_C)$, そして単身世帯の価値関数 $\hat{V}^S(a, j, \boldsymbol{\theta}_S)$,
- 出生の政策関数 $b^C(a, \boldsymbol{\theta}_C)$, 消費の政策関数（$c^C(a, j, b, \boldsymbol{\theta}_C)$ 及び $c^S(a, j, \boldsymbol{\theta}_S)$）, 貯蓄の政策関数（$s^C(a, j, b, \boldsymbol{\theta}_C)$ 及び $s^S(a, j, \boldsymbol{\theta}_S)$）, そして労働供給の政策関数（$l^C(a, j, b, \boldsymbol{\theta}_C)$ 及び $l^S(a, j, \boldsymbol{\theta}_S)$）,
- 年齢分布 $(\hat{\mu}_j)$, 資産の無条件分布 $(\hat{\mu}_a)$, 既婚及び単身家計の状態変数上の分布 $(\hat{\mu}^C(a, j, z^h, z^w), \hat{\mu}^S(a, j, g, z))$,
- 経済全体の資本量 $(\hat{K})$ 及び効率労働量 $(\hat{L})$,

- 利子率 ($\hat{r}_K$) 及び賃金率 ($\hat{w}$),
- 税率 ($\hat{\tau}_c, \hat{\tau}_l, \hat{\tau}_a$).

これらは，以下の条件を満たす.

- 既婚家計・単身家計の価値関数はそれぞれ (4)，(5)，(8) を満たしており，$\{b^C, c^C, c^S, s^C, s^S, l^C, l^S\}$ はそれらの価値関数に対応する政策関数である.
- 要素市場，最終財市場が均衡している.
- 賃金率 $\hat{w}$ と企業への貸出に付される利子率 $\hat{r}_K$ は競争的要素市場において決定される.

$$\hat{w} = (1-\alpha)(\hat{K}/\hat{L})^{\alpha},$$

$$\hat{r}_K = \alpha(\hat{K}/\hat{L})^{\alpha-1} - \delta.$$

したがって家計の貯蓄に付随する利子率 $\hat{r}$ は以下の通り与えられる.

$$\hat{r} = (1-\hat{\phi}_B)\hat{r}_K + \hat{\phi}_B r_B,$$

$$\hat{\phi}_B = \bar{B}/(\bar{B}+\hat{K}).$$

- 偶発的遺産の 1 人当たり分配量 a_b は以下の通り与えられる.

$$a_b = \frac{\sum_{j>1} \hat{\mu}_{j-1}(1-s_{j-1,j})K_j}{\sum_{j=1}^{J} \hat{\mu}_j}.$$

ここで，K_j は均衡における年齢 j の家計の総貯蓄を表し，これは政策関数 s^C 及び s^S と整合的である.

- $(\hat{\tau}_c, \hat{\tau}_l, \hat{\tau}_a)$ は政府の予算制約 (11) を満たす.
- 年齢分布 ($\hat{\mu}_j$) と資産分布 ($\hat{\mu}_a$) は家計の政策関数と整合的で

あり，既婚及び単身家計の状態変数分布 $(\hat{\mu}^C, \hat{\mu}^S)$ は $\hat{\mu}_j$, $\hat{\mu}_a$, 及びその他の属性分布 (f, π) と整合的である．これらの分布 $(\hat{\mu}_j, \hat{\mu}_a, \hat{\mu}^C, \hat{\mu}^S)$ は全て，時間を通じて不変（定常）である．

第4章　カリブレーション

前章で構築したモデルのパラメータを以下3つの手順を経て設定する.

ステップ1：いくつかのパラメータについては，先行研究で頻繁に用いられている値を設定したり，実証研究結果をそのまま適用したりして外生的に与える．外生的に与えられる分布（家計タイプの分布など）や関数（賃金や子育て費用など）を，日本の集計データを用いて設定する．子どもを持つことの限界効用を規定するパラメータ γ の値を任意に設定する．ステップ1で設定されるパラメータの値や関数・分布と，依拠する先行研究やデータソースの一覧を表2と3に収めている．税率についてベンチマーク経済では外生的に与えているが，次章で説明する通り，政策実験において τ_l と τ_c は内生的に決定される変数であることに注意されたい.

ステップ2: γ の値を所与とし，5つのパラメータ $(\phi, \eta, \kappa, \rho, B)$ の値を，モデルが再現すべきモーメントの値が可能な限り再現されるよう計算する.

ステップ3: 児童手当増額の仮想実験をモデル上で行い，モデル上の現金給付の出生弾力性が実証研究の推定値と整合的であるか確認する．より具体的には，児童手当を X 倍し，要素価格や税率を一定として家計の出生率がどれほど変化するかを計算する．ここで，X の値は集合 $\mathcal{V} \equiv \{2, 2.5, 3, 3.5, 4, 4.5, 5\}$ から与えられる．出生率と給付額の変化率から，各ケースにおける出生弾力性が計算される．それらの値の平均

表2　ステップ1で外生的に与えられるパラメータ

パラメータ	値	説明
選好		
β	0.98	主観的割引率
σ	$\to 1$	相対的リスク回避度
μ	0.85	フリッシュ弾力性 (Kuroda and Yamamoto, 2008)
技術		
α	0.36	資本分配率 (Hayashi and Prescott, 2002)
δ	0.089	資本減耗率 (Hayashi and Prescott, 2002)
政府		
τ_c	0.10	消費税率
τ_l	0.35	労働所得税率 (Gunji and Miyazaki, 2011)
τ_a	0.35	資本所得税率 (Hansen and İmrohoroğlu, 2016)
その他		
r_B	0.01	国債金利
ϕ	0	借入制約

をとり，ターゲットである 0.026 と近くなるまでステップ 2 及び 3 を繰り返す.

　結果として γ は 4.0 の値を取り，ベンチマークモデルにおいて出生弾力性は平均して 0.0282 となる．ステップ 2 及び 3 で計算されるパラメータとターゲットについて表 4 にまとめている．ターゲットの設定方法に関する細かな議論については Nakakuni (2023) を参照されたい.

表 3　ステップ 1 で外生的に与えられる関数・分布

関数・分布	説明	データソース
$\bar{\omega}$	賃金関数	賃金構造基本調査（2020）
f	属性分布	就業構造基本調査（2017）
π	夫婦の学歴分布	就業構造基本調査（2017）
$s_{j,j+1}$	条件付き生存率	人口動態調査（2019）
CE	教育支出	文部科学白書（2009）
m_j	医療需要	厚生労働白書（2017）
$1 - \omega_j$	医療自己負担率	厚生労働白書（2017）

表 4　ステップ 2 で内生的に決定されるパラメータ

パラメータ	値	ターゲット	ターゲット値	モデル
子どもを持つことの効用（κ, γ）				
κ	398.8	コーホート人口成長率	-1.15%	-1.14%
γ	4.00	現金給付の出生弾力性	0.026	0.0282
子育ての時間的コスト（η）	0.076	育児時間/仕事時間	0.236	0.236
労働の不効用（φ）	1.14	週平均労働時間	$38.64\,h$	$38.64\,h$
年金の所得代替率（ρ）	0.123	年金支出対 GDP	9.5%	9.5%
政府債務残高（B）	1.14	政府債務残高対 GDP	156%	158%

表 5　出生弾力性の計算

	\多段給付拡大率（X）							平均	標準誤差
	2	2.5	3	3.5	4	4.5	5		
出生弾力性	0.040	0.032	0.025	0.021	0.026	0.028	0.025	**0.0282**	0.0074

表 5 では，ステップ 3 における各シナリオにおける出生弾力性を報告している．

第 5 章　政策実験

　構築した定量モデルを用いて，本章では児童手当制度改革のマクロ
経済的効果とその厚生的含意について分析する．まず，ベンチマーク
モデルの子ども 1 人当たり給付額を X 倍し，その新たな児童手当制度
のもとでの定常均衡を計算する．制度変更に伴い，均衡において 2 つ
の税率が調整される．まず，社会保障支出の増減に応じ，労働所得税
が調整される．さらに，政府の予算制約 (11) 全体をバランスさせるた
めに，消費税率が調整される[13]．その他の政策的変数（例えば年金の所
得代替率 ρ，医療補助率 $\{\omega_j\}_j$，資本所得税率 τ_a など）はベンチマー
ク経済での値にそれぞれ固定する．定常均衡分析を通じて，児童手当
制度変更がマクロ経済や家計厚生に与える長期的影響を調べる．次に，
改革を開始してから長期均衡に至るまでの経路（移行動学）を分析す
る．仮に長期均衡において制度変更が望ましい性質を有するとしても，
現在世代を含め全ての世代が改革の便益を享受できるか否かは定かで
ない．さらに，改革に伴い必要となる財源をどのように賄うかにはい
くつか方法が考えられるが，それらは各世代への厚生的含意が異なり

---

[13] 先行研究のほとんど（例えば，Okamoto, 2020）は政府が消費税で児童手当増額を賄
うとを想定して分析している．こうした想定は，近年の政策運営の流れを部分的に反
映していると見ることができる．すなわち，2019 年の幼児教育・保育無償化は主に
消費増税によって賄われたという点だ．実際の改革に際して，その他の税率（あるい
は社会保険料）の引き上げという策が採られる可能性も排除できない．ただし本分析
の本質的関心は，即時増税と国債発行による増税延期が各世代にもたらす厚生的含
意の違いにあり，どの税率を上げると想定するかという点は今回の分析において副次
的な関心事である．こうした分析の目的と近年の政策運営の流れ，そして計算負担に
鑑み，本分析では先行研究にならって消費税率の調整により政府予算制約を均衡させ
る．

うる．移行動学分析は，制度改革が異なる世代にもたらす厚生的影響や，それを踏まえて，改革に必要な財源をどのように賄うのが望ましいかという，政策上重要な論点について考えることを可能にする．

本分析で用いる厚生測度は「消費等価変分」（Consumption Equivalent Variation, CEV）である．ここで CEV は，新たな児童手当制度が運営されている経済とベンチマーク経済とがある家計にとって無差別になるには，ベンチマーク経済における当該家計の消費ベクトルが何パーセント拡大（縮小）されなければならないかを表す．したがって，CEV が正（負）の値を取る場合，制度改革は当該家計の厚生を改善（悪化）させると解釈できる．

分析に先立ち，本モデルにおける CEV を定義しよう．まず，$W^{C,new}$ 及び $V^{S,new}$ を，ベンチマークとは異なる児童手当支給額のもとでの新たな均衡における，既婚家計と単身家計の価値関数とする．さらに，変数 $x \in \{c_j^{bench}, l_j^{bench}, b^{bench}\}$ で，ベンチマーク経済における各家計の最適選択を表す．ここでベンチマークと新たな均衡において計画初期に付与される資本 a_1 は 2 つの均衡間で同一であり $a_1 = \bar{a}$ とする．タイプ $\bar{\theta}_C$ の既婚家計及びタイプ $\bar{\theta}_S$ の単身家計の CEV は，以下を満たす実数 $\lambda_{\bar{\theta}_C}^C$ 及び $\lambda_{\bar{\theta}_S}^S$ としてそれぞれ定義される．

$$W^{C,new}(\bar{a}; \bar{\theta}_C) =$$

$$v(b^{bench}) + \sum_{j=1}^{J} S_j \beta^{j-1} u^C(c_j^{bench}(1+\lambda_{\bar{\theta}_C}^C), l_j^{bench}; b^{bench}),$$

$$V^{S,new}(\bar{a}, j=1, \bar{\theta}_S) = \sum_{j=1}^{J} S_j \beta^{j-1} u^S(c_j^{bench}(1+\lambda_{\bar{\theta}_S}^S), l_j^{bench}).$$

5.1　定常均衡

子ども 1 人当たり給付額を X 倍し，新たな定常均衡を数値的に解く．すなわち，タイプ y で年齢 j の家計に対する現行制度での子ども 1 人当たり支給額を $CB_{y,j}^{bench}$ とし，新制度における支給額を $CB_{y,j}^{new} = X {\cdot} CB_{y,j}^{bench}$ で与える．ここで，X の値は集合 $\mathcal{X} \equiv \{0, 2, 3\}$ から与えられる．$X = 0$ は児童手当廃止を意味することに注意されたい．それぞれのシナリオにおける主要なマクロ経済変数の値（あるいは変化率）を表 6 に要約している．

まず，給付の打ち切りは定常均衡での完結出生率を 0.011 ポイント低下させ，逆に給付額増は出生率を 0.055–0.089 ポイント増やす．この結果，退職年齢を一定とすれば，制度廃止の場合に生産年齢人口シェアは 0.17 パーセントポイント（p.p.）減少する[14]．対して，給付額増のケースでは 1.17 − 1.87 p.p. 上昇する．

生産年齢人口シェアの上昇（下落）は，経済における労働資源の賦存量の増加（減少）と見ることができるため，その他の要因を一定とすれば総生産量に正（負）の効果をもたらす．制度廃止のケースでは，GDP・資本・労働（全て人口 1 人当たりに換算）の全てが縮小する．例えば 1 人当たり GDP は，制度廃止によって 2.54％ 減少する．一方で，給付を拡大した場合には長期均衡におけるそれらの値は上昇し，例えば 1 人当たり給付額を 2 倍に増加させたケースでは 1 人当たり GDP が 5.69％上昇する．

GDP 上昇は課税ベースの拡大を意味するため，児童手当増額に充当される消費税率の上昇を緩和する効果を持つ．人口に占める労働者の

---

[14] 本モデルにおける生産年齢人口シェアは，総人口に占める 25-64 歳人口の割合として定義される．

表6　定常均衡におけるマクロ経済変数

	給付拡大率 (X)			
	0 (廃止)	1 (ベンチマーク)	2	3
人口構造				
完結出生率	1.407	1.418	1.473	1.507
生産年齢人口シェア (Δ p.p.)	−0.17	−	+1.17	+1.87
数量 (1 人当たり, Δ%)				
GDP	−2.54	−	+5.69	+7.77
資本	−5.48	−	+9.27	+15.23
労働 (効率労働単位)	−5.32	−	+3.37	+3.06
税率 (%)				
消費税	9.51	10	10.39	10.92
労働所得税	35.12	35	33.62	33.06

割合上昇に伴い，給付額増の場合は（社会保障税・保険料を包摂した）労働所得税率を 1.38–1.94 p.p. ほど低下させる．

　一方で，政府の予算制約を満たすために調整される消費税率は，給付の拡大によって 0.39–0.92p.p. 上昇する．児童手当増額によって，政府の支出が増えるからである．この支出増は，子ども 1 人当たり給付額の増加のみならず，出生率上昇による子ども数の増加にも起因する点に注意されたい．

　こうしたマクロ経済的効果の厚生的含意は表 7 に要約される．児童手当制度の増額は，児童手当の直接の受益者（すなわち子どもを持ち受給資格を持つ家計）のみならず，子どもを生涯持たない家計（本モデルでは単身家計）の厚生をも改善する．ベンチマーク経済では，全ての

表7 定常均衡における厚生変化（CEV，%）

	給付拡大率 (X)		
	0 (廃止)	2	3
家計属性			
既婚	−2.41	+9.79	+15.52
高学歴	−2.30	+9.64	+15.25
低学歴	−2.94	+10.05	+15.92
単身	+0.05	+3.19	+3.73
平均	−1.53	+7.42	+11.28

タイプの既婚家計が少なくとも1人の子どもを持つ[15]．そして第2章で説明した通り，15歳以下の子どもを持つ全ての家計が受給資格を持つよう関数 *CB* を設定している．したがってこのモデルにおいて児童手当給付を受け取らないのは，単身家計のみである．

　表7が示すように，給付拡大は単身家計の厚生を 3.19–3.73％高める．Nakakuni (2023) は同様の結果を踏まえ，児童手当増額による厚生効果を規定する要因を追究した．家計が所与とする変数のうち，制度変更前後の均衡において違いが生じるのは，税率（消費税と労働所得税），要素価格（賃金率と利子率），そして子ども1人当たりの児童手当給付額である．このうち生涯子どもを持たない単身世帯にとって，厚生変化を生じさせるのは税率と要素価格の変化である．厚生効果をこれらの要素に分解した結果，労働所得税率の低下によって，手当増額が単身家計に与える厚生的便益の大部分が説明されることが明らかになった．児童手当増額による出生率上昇が生産年齢人口シェアを長期的に

---

[15] 家計が子どもを持たない（すなわち $b=0$）という選択も許容しているが，計算の結果としてこのような結果が得られる．本分析では子どもの数を連続変数として扱っており（すなわち $\mathcal{B}=\mathbb{R}_+$），子どもの数が $x \in \mathbb{Z}_+$ である家計がそれぞれどの程度存在するかに関する分布は再現されていない．

増加させ，1人当たりの社会保険料や税負担の軽減が，制度改革の直接的便益を受けない単身（無子）家計の厚生改善を説明する主因である．

　もう1つ注目すべき点は，既婚家計のなかで高学歴家計の厚生が，低学歴家計のそれと同様に著しく改善している点だ．表7で報告している「高学歴」家計は，夫婦双方が大卒以上の学歴を持つ夫婦，「低学歴」は夫婦双方が高卒以下の学歴を持つ夫婦として，それぞれの CEV を報告している．給付拡大に伴い，高学歴家計の厚生は 15.25％，低学歴家計の厚生は 15.92％ 改善している．この結果が興味深い理由は，高学歴家計は高所得である傾向が高く，それゆえ児童手当給付は彼らの所得からすれば相対的に小さな給付であるからだ．

　出生外生モデルで子育て関連給付のマクロ経済分析をした Guner et al. (2020) は，児童手当のような現金給付が，高学歴・高所得の子育て世帯の厚生をむしろ悪化させることを示している．高所得者はより多くの税を支払っており，制度維持のために支払う税負担が，児童手当として受け取る額を上回る可能性がある．加えて，低学歴・低所得の家計は元々の消費水準が低く，給付から得られる限界効用が高い．したがって，児童手当増額が高所得世帯の厚生を悪化させるという Guner et al. (2020) の結果は直感に適うものである．

　しかしながら本分析が示すのは，出生率の変化とそれによる一般均衡効果（主に税率変動）を考慮すれば，児童手当は高所得者にも大きな便益をもたらすということだ．Nakakuni (2023) は前述の通り，各タイプの既婚家計の厚生効果を分解した．その結果，高学歴家計にとっても，単身家計と同様に労働所得税率減が厚生効果の源泉であることが明らかになった．これに関連し，制度改革の前後で労働所得税率が全く変化しないと仮定した場合，高学歴の既婚家計の厚生的便益は，低学歴家計が享受する便益の半分程度の水準に留まることが示された．高学歴夫婦は相対的に多くの労働所得を得ているため，均衡における所得税負担の減少を通じた間接的恩恵をより多く享受するのだ．

5.2　移行動学

　定常均衡における重要な結果の 1 つは，単身家計や高学歴・高所得夫婦など，一見すると制度の恩恵を受けづらい（あるいは制度維持の重荷を相対的に多く担っている）と思われる属性の家計に対しても，児童手当増額が長期的には便益を生じさせるという点である．そしてその厚生効果を規定する要因は，出生率の上昇と人口構成変化による社会保障負担の軽減に求められる．すると次に浮かんでくる問いは以下のようなものであろう．

- そうした望ましい性質を持つ長期均衡に辿り着くまでにどれほどの時間を要するか．
- その結果，異なる世代に及ぶ厚生効果はどの程度異なるか．
- 何を財源として改革を行うのが望ましいか．

これらの点を調べるため，ベンチマーク経済から新たな均衡に到達するまでの移行動学を計算する．ここでは最終の定常状態を拡大率 $X = 3$ での均衡とする．世界で最も多額の児童手当給付や子育て世帯への税額控除を行っている国々は，労働者の平均収入の 15％程度を占める多額の給付を行っており，これは現在の日本における児童手当給付規模の約 3 倍程度である[16]．したがって，3 倍という数字は，現実的な給付増額率の上限に相当すると見ることができる．

　財源のシナリオについては以下 3 つのケースを想定する．第 1 に，定常均衡分析の時と同様に，毎期消費税を調整して政府の予算制約を均

---

[16] 詳しくは，OECD family データベースの表 PF1.3 を参照されたい（https://www.oecd.org/els/family/database.htm）.

衡させる方法である．これを「ベンチマーク」と呼ぼう．第2に，ベンチマークと同様に毎期消費税率を調整して財源を確保するが，給付拡大率を段階的に上げていく「段階的増額」だ．ここでは，まず給付拡大率 $X=2$ の給付増額からスタートし，10年が経った時点で $X=3$ へと増額させるシナリオを考える．第3に，改革初期には国債を発行し，将来増税を行う「国債発行」のケースである．ここでは，給付増額後20年経過した時点で消費税増税を行い，新たな均衡に辿り着くまでに，初期均衡の債務残高に上乗せされた債務を完済することとする．労働所得税については，定常均衡分析と同様に社会保障支出の増減に応じて毎期調整される．初期の均衡を2020年，改革が起きるのは2025年とする[17]．さらに計算上の簡単化のため，増額された給付を受け取ることができるのは，改革と同年かそれ以降に出産した世代のみとする．図1–3では，各シナリオにおける諸変数の推移をプロットしている．図1の横軸は出生コーホートを，図2及び図3の横軸は暦年を表す．さらに図4–6は，それぞれのシナリオにおける各コーホートの，既婚・単身世帯と平均の CEV を示したものだ．それぞれの改革シナリオにおけるマクロ経済動学及び厚生的含意について，順に説明する．

ベンチマーク：まず，2025年から1人当たり支給額を3倍にし，当初から消費税率を調整してその財源を賄うベンチマークケースの結果を見ていく．図1は，出生コーホート別の完結出生率（女性1人当たりの生涯を通じた平均出生数）だ．本モデルでは，夫婦が子どもを持つ選択をした場合30-34歳で出産することから，2025年の改革に際し最初に直接的便益を受けるのは1991年から95年の間に生まれた世代ということになる．彼女らのことを，「1995コーホート」と呼ぼう．改革に

---

[17] モデルにおける1期間が5年であることを思い出されたい．

図 1　完結出生率

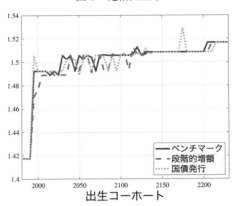

図 2　税率（%）

(a) 消費税

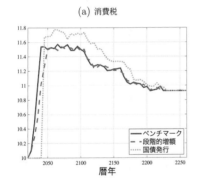

(b) 労働所得税

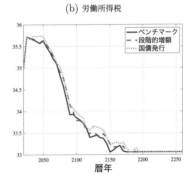

よって，当該コーホートの出生率はジャンプし，それ以前のコーホート出生率と比べて高くなる．しかし，すぐに長期均衡における出生率水準に到達することはなく，以降小幅な振動を繰り返しながら徐々に上昇を続けることに注意されたい．これは，図 2(a) や 2(b) が示すように，短期的には，消費税や労働所得税が新たな均衡における水準よりも高くなるからである．税率水準が徐々に低下していくにつれて家計の可処分所得が増し，出生率も新たな水準にまで到達することとなる．

図3　その他のマクロ経済変数

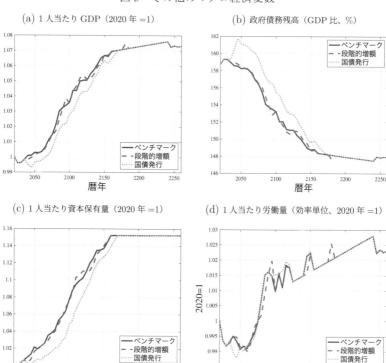

(a) 1人当たり GDP（2020年 =1）

(b) 政府債務残高（GDP比、%）

(c) 1人当たり資本保有量（2020年 =1）

(d) 1人当たり労働量（効率単位、2020年 =1）

長期的な出生率の上昇に，税率低下による所得効果が一定の役割を演
じるとの示唆が得られる．

　出生数がジャンプするのに伴い，消費税率も同時にジャンプする．こ
こで注意されたいのは，短期的には，その水準が新たな均衡での水準
よりも高いということである．労働所得税率についても同様の現象が
見られる．こうした動きを説明する1つの重要な要素は，図3(a) が示
す1人当たり GDP の推移である．改革から10年ほどはとりわけ経済
全体の労働量が減少し，GDP もやや低下する．これにより課税ベース
が縮小し，歳入を確保するため比較的高い税率が課されることとなる．

図 4 　平均的厚生

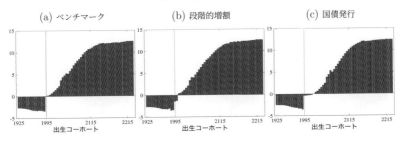

(a) ベンチマーク 　　　　(b) 段階的増額 　　　　(c) 国債発行

図 5 　既婚家計の厚生

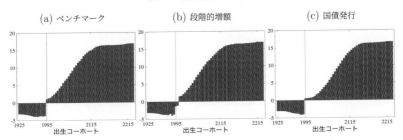

(a) ベンチマーク 　　　　(b) 段階的増額 　　　　(c) 国債発行

　ただし，長期的には出生率上昇によって人口に占める現役世代の割合が増えることから，1 人当たり GDP が上昇する．GDP 上昇は課税ベースの拡大を意味し，一定の歳入を確保するために課すべき税率の水準が低下していく．また国債残高は 2 つの均衡間で一定であるため，図 3(b)が示すように債務残高対 GDP 比は長期的に約 10 p.p. 減少する．

　次に，こうしたマクロ経済動学の厚生的含意を確認しよう．図 4–6において，ベンチマークモデルの結果はそれぞれ左端の図 (a) に該当する．横軸には出生コーホートをとり，改革初年度に 30-34 歳で給付拡充の恩恵を最初に受ける世代，1995 コーホートの部分に縦線を引いている．それより右側に位置するのが，当該コーホートよりも後に生まれる世代である．彼らを「将来世代」と呼ぶことにする．それより左に位置する世代は，制度の直接的な恩恵を受けることのできない世代

図6　単身家計の厚生

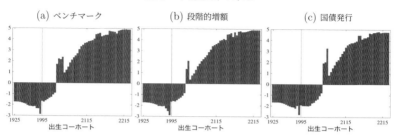

である．彼らのことを「現在世代」と呼ぼう．グラフは，現在世代の
厚生が3％程度低下することを示している．単身家計に関しては，一
部の将来世代も厚生悪化を経験するが，ある程度時間が経ったところ
で CEV の値が正に転じる．

　現在世代の厚生が悪化する理由は直感的である．前述したように，
GDP 上昇や人口構造の変化による税率低下が生じるには一定の時間を
要し，短期的には税率が比較的大幅に上昇するからである．既婚と単
身それぞれの家計について，2115 出生コーホートの付近で，厚生効果
が新たな長期均衡の水準に達している．初めて制度の恩恵を受けたの
が 1995 コーホートであるから，これは新たな均衡における厚生水準
に達するまでに約 120 年ほど時間を要することを意味する．定常均衡
分析において，厚生効果の源泉は，人口構造変化による労働所得税率
の低下に求められたことを思い出されたい．人口構造の変化やそれに
よる税率変化には多大な時間を要する．たとえ今日子どもが数多く生
まれたとしても，それらの子どもが生産活動に参加するには少なくと
も 20 年程度を要し，新たな制度のもとで生まれた世代のみで人口が構
成されるまでには 100 年程度の時間がかかる．さらに，子どもが育つ
には親が時間（労働）・金銭（資本）という 2 種類の生産資源を，財の
生産ではなく子どもに対して投じる必要がある．改革の効果が現れる
までに長い時間を要し，短期的には税負担が増すというストーリーは，

こうした意味で直感に適うものであろう.

段階的増額：ベンチマークケースと，改革に伴う動学経路の基本的な動きは同様である．しかしながら最初の 10 年は給付拡大率が 2 倍であることから，改革初期の出生率のジャンプ幅はベンチマークのそれよりも小さい．その結果，消費税率の短期的な上昇の程度がベンチマークと比べて穏やかであり，現在世代の厚生損失が若干緩和される（詳細は後述）．図 4-6 におけるそれぞれ中央の図 (b) を参照されたい．ただし出生率の上昇スピードがベンチマークより遅いため，労働所得税率の下落が始まるのも若干遅い点がこのシナリオの特徴だ．

国債発行：最後に国債発行のケースだ．完結出生率の短期的上昇はベンチマークと同程度の水準であり，その後の出生率の増加傾向にも他のシナリオと比べて大きな違いは見られない．消費税率の推移に関しては，その他のシナリオと比べ異なる点が 2 つ存在する．1 つは，図 2(a) が示すように，短期的な税率上昇幅が他のシナリオよりも大きいという点である．モデルでは次の均衡に至るまでに国債債務残高を初期の値に戻す必要があるため，短い期間でより多くの増税が必要になるからだ．もう 1 つは，消費税率の下落スピードが他シナリオと比べて遅いという点である．この現象は，労働所得税率にも共通して観測される．その間接的な理由は，図 3(a) が示すように 1 人当たり GDP の上昇スピードが他シナリオと比べ緩慢であるからだ．それではなぜ 1 人当たり GDP の上昇スピードが緩やかであるのか．その大きな原因の 1 つは，債務残高が積み上がることにより民間で活用される資本が減少することだ．図 3(d) が示すように，政府債務を除いた 1 人当たり資本保有量の上昇が，他シナリオと比べ 20–30 年程度の遅れを伴っている．そのため生産に用いることのできる資本が減少し，1 人当たり GDP の上昇速度も遅くなる．さらに図 4–6 におけるそれぞれ右端の図 (c) が

表8　改革シナリオ別平均 CEV

	平均	既婚	単身
ベンチマーク	+2.25	+3.52	−0.03
段階的増額	+2.09	+3.33	−0.13
国債発行	+1.33	+2.36	−0.50

示すように，国債発行シナリオのもとでも現在世代の厚生を正に転換
することはできない．

　均衡への到達が比較的遅いことから，比較的若い将来世代の厚生的
便益の程度が他シナリオと比べて小さい．既婚・単身それぞれのコー
ホート CEV の平均をとることで，各シナリオのもとでそれぞれの家
計が平均的にどの程度厚生的影響を被るかを見てみたい．先述した通
り 2115 コーホートが生まれるタイミングではどのシナリオ・家計属性
についても新たな均衡における厚生水準に到達しているため，現在世
代の最高齢世代（1925 コーホート）から 2115 コーホートまでの CEV
の平均をとる．結果を表8に要約している．表が示すのは，既婚・単
身どちらの家計から見ても，ベンチマークケースにおける平均的 CEV
が，段階的増額におけるそれ以上に高く，国債発行は最もメリットの
小さいオプションであるということだ．

　次に，現在世代のみの平均 CEV をシナリオ別に整理したのが表9
である．ここでは先の結果から一変し，国債発行，段階的増額，ベン
チマークの順に厚生損失が小さい．国債発行は短期的には増税を伴わ
ないため，現在世代はベンチマークや段階的増額よりも国債発行を選
好することとなる．さらに段階的増額の方が短期的に課される税率が
ベンチマークシナリオより低いため，制度改革の直接的便益を受けな
い現在世代はベンチマークシナリオよりも段階的増額を好むこととな
る．しかしながら，異なるシナリオ間の現在世代に対する厚生効果の
差は，無視できるほどに小さい点に注意されたい．全てのコーホート

表 9　改革シナリオ別平均 CEV（現在世代）

	平均	既婚	単身
ベンチマーク	−3.00	−3.54	−2.04
段階的増額	−2.95	−3.47	−2.01
国債発行	−2.89	−3.43	−1.91

（1925〜2115 コーホート）で見た場合，最も平均 CEV の高いオプション（ベンチマーク）と低いオプション（国債発行）との間には CEV の値に約 1.7 倍の差があるのに対し，現在世代の平均 CEV が最も高いオプション（国債発行）と低いオプション（ベンチマーク）との間にある CEV の差はわずか 4% 程度である．国債発行は確かに現在世代の負担を最も和らげる方法ではあるが，その効果は限定的である．理由の 1 つは，政府債務の累積が民間の資本蓄積を阻害し，国民 1 人当たりの可処分所得が減少することを通じた負の厚生効果が生じるからだ．

第6章　結びにかえて

6.1　結論・政策的含意

　本研究で得られた主要な結論は以下3点に要約される．第1に，児童手当拡充は長期的に，制度改革の恩恵を直接に受けない（あるいは受けづらい）家計を含めてあらゆる家計の厚生を改善するため，将来世代にとって望ましい政策変更となる[18]．結果の背後にある重要なメカニズムは，児童手当増額による均衡出生率の上昇とそれによる人口構成変化が，経済全体の生産量上昇や社会保障税負担の軽減に帰結するという点にある．

　しかし第2に，そうした望ましい状態に辿り着くまでには100年以上の長い時間を要する．とりわけ改革初期には，児童手当増額や社会保障費に充当される税の負担が新たな均衡と比べ大きく膨らみ，現在世代の厚生を悪化させる．これは，厚生効果の源泉である人口構造変化が長い時間を要すること，またそれに付随し，課税ベースの拡大によって税負担が軽減するまでには長期間を要することに由来する．こから得られる示唆は，長期的コミットなしでは児童手当制度改革の効果がほとんど見込まれないという点だ．2010年，当時の民主党政権は児童手当の給付額増や所得制限撤廃といった改革を進めながら，12

---

[18]　やや技術的であるが，人口内生モデルにおいては標準的な「パレート効率性」や「パレート改善」といった厚生的概念を適用することができない点に注意されたい（詳しくは，Jones et al. (2007) を参照されたい）．

年に政権を自民党に譲ることでその試みは頓挫してしまった．どのような形であれ制度改革の試みが短期で挫かれる場合，少なくとも本分析で論じたような人口構造変化を通じた厚生効果は生じない．新制度を長期に渡って維持・改善していくことが，改革が便益をもたらす必要条件と言えるだろう．

　第3に，国債発行による財源調達は現在世代の負担を軽減する効果をほとんど持たず，また制度改革の厚生効果が生じるのを遅らせる．これは主に，さらなる債務の蓄積が民間の資本蓄積を阻害する点に起因する．移行過程における大幅な増税と，厚生効果が生じるまでに比較的時間を要することから，移行過程に生存する家計全体にとって国債発行は最もメリットの小さいオプションである．現在世代にとって各シナリオがほとんど無差別であること，しかし国債発行による改革が移行過程に生存する各世代への厚生効果を著しく損なうことを踏まえると，国債発行による改革は他のオプションと比べ望ましい方策と言い難い．

　政治的実現可能性の観点からは，現在世代への配慮が優先される傾向があろう．本分析の結果は，現在世代に配慮した改革を行う方法として，手当の段階的増額が1つの有力なオプションとなり得ることを示した．可能な限り長期的な時間軸で制度改革を計画し，段階的にそれを実行していくことが，即時にドラスティックな改革に踏み切るよりも現在世代の厚生損失を抑制しつつ，国債発行を行うよりも将来世代の厚生を高める．現政権に5年後10年後の政権運営が約束されているわけではなく，ある計画に基づき中長期的・段階的に改革を進めるというのは現実的には困難かもしれないが，理論的示唆として政策論議に僅かでも役立てられれば幸いである．

6.2　今後の展望

　少子化対策に関する定量分析という観点から，今後の研究の展望を2点に絞って述べ，結びとしたい．まず，効果的な少子化対策を考えるうえでは，少子化の原因についての適切な理解が欠かせない．その際，わが国では出生率と同様に有配偶率の低下が顕著である点も重要な論点となろう．日本は他国と比べ婚外子が極端に少ないことで知られており，出生率低下要因を分析するうえで晩婚化・非婚化という結婚に関するトレンドを同時に分析視覚に収めることが望ましい．そのためには，本研究が外生とした結婚の意思決定を組み込んだモデルを構築・推計する必要がある．

　本研究は児童手当制度の分析に的を絞ったが，有効な少子化対策パッケージを考えるうえでは，その他の政策メニューに関する詳細な分析が欠かせない．例えば育児休業制度 (Erosa et al., 2010) や幼児教育プログラム (Daruich, 2022)，保育サービスの給付や補助金 (Domeij and Klein, 2013) など，多様な子育て関連政策に関して動学的均衡モデルの枠組みを用いた分析が行われ，少しずつ知見が積み上げられている．日本経済の特徴を捉えたモデルを構築したうえでの各政策の分析も，今後に残された重要な研究課題である．

<h1 align="center">参考文献</h1>

Asakawa, S. and Sasaki, M. (2022). Can child benefit reductions increase maternal employment? evidence from japan. *Journal of the Japanese and International Economies*, 66: 101231.

Azmat, G. and González, L. (2010). Targeting fertility and female participation through the income tax. *Labour Economics*, 3(17): 50.

Bessho, S. (2018). Child benefit, tax allowances and behavioural responses: The case of Japanese reform, 2010-2011. *The Japanese Economic Review*, 69(4): 478–501.

Cohen, A., Dehejia, R., and Romanov, D. (2013). Financial incentives and fertility. *The Review of Economics and Statistics*, 95(1): 21.

Daruich, D. (2022). The macroeconomic consequences of early childhood development policies. *Working Paper*.

Domeij, D. and Klein, P. (2013). Should day care be subsidized? *Review of Economic Studies*, 80(2): 568–595.

Erosa, A., Fuster, L., and Restuccia, D. (2010). A general equilibrium analysis of parental leave policies. *Review of Economic Dynamics*, 13(4): 742–758.

Folbre, N. (1994). Children as public goods. *The American Economic Review*, 84(2): 86–90.

González, L. (2013). The effect of a universal child benefit on conceptions, abortions, and early maternal labor supply. *American Economic Journal: Economic Policy*, 5(3): 160–188.

Guner, N., Kaygusuz, R., and Ventura, G. (2020). Child-related transfers, household labour supply, and Welfare. *The Review of Economic Studies*, 87(5): 2290–2321.

Gunji, H. and Miyazaki, K. (2011). Estimates of average marginal tax rates on factor incomes in japan. *Journal of the Japanese and International Economies*, 25(2): 81–106.

Hannusch, A. (2022). Taxing families: The impact of child-related transfers on maternal labor supply. *Working Paper*.

Hansen, G. D. and İmrohoroğlu, S. (2016). Fiscal reform and government debt in japan: A neoclassical perspective. *Review of Economic Dynamics*, 21: 201–224.

Hayashi, F. and Prescott, E. C. (2002). The 1990s in japan: A lost decade. *Review of Economic Dynamics*, 5(1): 206–235.

Jones, A., Golosov, M., and Tertilt, M. (2007). Efficiency with endogenous population growth. *Econometrica*, 75(4): 33.

Kuroda, S. and Yamamoto, I. (2008). Estimating Frisch labor supply elasticity in Japan. *Journal of the Japanese and International Economies*, 22(4): 566–585.

Laroque, G. and Salanié, B. (2014). Identifying the response of fertility to financial incentives. *Journal of Applied Econometrics*, 29(2): 314–332.

Milligan, K. (2005). Subsidizing the stork: New evidence on tax incentives and fertility. *The Review of Economics and Statistics*, 3(87): 18.

Nakakuni, K. (2023). Welfare effects of the child benefit in equilibrium. *Working Paper*. https://sites.google.com/view/kanato-nakakuni/research.

Oguro, K., Shimasawa, M., and Takahata, J. (2013). Child benefits and welfare for current and future generations: Simulation analysises in an overlapping-generations modle with endogenous fertility. *Asian*

Economic and Financial Review, page 22.

Oguro, K., Takahata, J., Shimasawa, M., et al. (2011). Child benefit and fiscal burden: Olg model with endogenous fertility. *Modern Economy*, 2(04): 602.

Okamoto, A. (2020). Childcare allowances and public pensions: Welfare and demographic effects in an aging Japan. *The B.E. Journal of Economic Analysis & Policy*, 20(2): 20190067.

Yamaguchi, S. (2019). Effects of parental leave policies on female career and fertility choices. *Quantitative Economics*, 10(3): 1195–1232.

山口　慎太郎 (2021). 子育て支援の経済学. 日本評論社.

萩原　玲於奈 (2021). 子育て支援が出生率, 女性労働, 厚生に与える影響. https://hermes-ir.lib.hit-u.ac.jp/hermes/ir/re/71565/eco020202000503.pdf.

著者紹介

中国 奏人

2020 年 國學院大學経済学部卒業

2022 年 東京大学大学院経済学研究科修士課程修了

現在 東京大学大学院経済学研究科博士課程在籍

日本学術振興会特別研究員（DC2）

元. 三菱経済研究所専任研究員

児童手当制度改革の定量分析
─マクロ経済動学と社会厚生─

2023 年 6 月 27 日 発行

定価 本体 1,000 円＋税

著 者 中 国 奏 人

発 行 所 公益財団法人 三菱経済研究所
東 京 都 文 京 区 湯 島 4-10-14
〒 113-0034 電話 (03)5802-8670

印 刷 所 株式会社 国 際 文 献 社
東 京 都 新 宿 区 山 吹 町 332-6
〒 162-0801 電話 (03)6824-9362

ISBN 978-4-943852-93-3